ELOGIO DEL DESAMOR

ExLibric

JOSÉ GREGORIO MARTÍN PLATA

ELOGIO DEL DESAMOR

EXLIBRIC
ANTEQUERA 2024

ELOGIO DEL DESAMOR
© José Gregorio Martín Plata
© de la imagen de cubiertas: Eladio Tavío
Diseño de portada: Dpto. de Diseño Gráfico Exlibric

Iª edición

© ExLibric, 2024.

Editado por: ExLibric
c/ Cueva de Viera, 2, Local 3
Centro Negocios CADI
29200 Antequera (Málaga)
Teléfono: 952 70 60 04
Fax: 952 84 55 03
Correo electrónico: exlibric@exlibric.com
Internet: www.exlibric.com

ISBN: 978-84-10076-97-6
Depósito Legal: MA 1855-2024

Impresión: PODiPrint
Impreso en Andalucía – España

Nota de la editorial: ExLibric pertenece a Innovación y Cualificación S. L.

JOSÉ GREGORIO MARTÍN PLATA

ELOGIO DEL DESAMOR

*A todos aquellos que fueron capaces
de abrazar el desamor.*

*A todos aquellos desamores que me
hicieron más consciente.*

I. Ausencia

Quizás fueron las sombras,
pero cuánta infamia hubo en que mi amor
no supiera guardarte
de tu olvido, de aquel obsceno silencio.
Dentro de mí permaneces completo,
yo, ingrávido, ya nada me sostiene.
Tú me colonizaste
y hendiste una enseña de deseo.

Ahora escapo por los poros de tu abandono
y lloro por tu cuerpo conocido,
exudado de guerras sin derrotas,
tú, todavía enredado en mis gestos.
Fue una mordida lenta pero sostenida
que se agarró a mi pecho,
ya sin fuerzas para contenerte.
Ahora, allí, anidamos en una misma herida.

Escupo oscuridad para salvarme
del aire que respiro,
furor que me atragante
y me devuelva a una llaga que nos supura.
Ya no saldré ileso de esta querencia,

amor deconstruido,
como las noches al faro me aferro
a una confesión lejana de hastío.

Pero una nueva mirada anaranjada
regresa para embellecerlo todo:
veo a un hombre desnudo
alargándose en un adiós trenzado.
Cuando se te terminó el amor,
empecé a quererte yo,
un río corre hacia mi corazón
buscando sangre para seguir vivos.

II. Se hizo noche

Inquieto te miraba de soslayo
oculto, desde un ángulo tranquilo
te invocaba entre haces de luz solar,
escorado, rendido
entre piedras y molestas espinas.

Tu semblante apacible
brillaba como el acero pulido
antes de la congoja revelada,
mientras el sonido de un saxofón
velaba el crujido de la ciudad.

Veía tu rostro rompiendo el agua
que también me cubría,
una trampa finita
que buscaba el rescate de tus ojos seguros.
Pero se hizo noche y oscureció.

III. VIVIR

Para eso quiero vivir, navegante,
nómada valedor,
memoria elegida de una sirena
con alma de soprano.
Incrédulo vivir
la osadía de no poder tocarte,
aunque la suerte mezcle nuestras sombras
que irrumpen mediodías.

Seguir cabalgando por la ciudad:
el amor se había ido
en un triste batir de alas
habitado por todos los pesares.

Anhelando vivir
esa curva imperfecta de tu espalda
como un pájaro que madruga
en tiempos de silencio.
En la espera, vivir
en un turbio paisaje de sonidos
que aturdan mis quejidos,
sin volantes oscuros.

Sostenido para seguir viviendo:
antorchas clavadas en la estructura
haciendo desmemoria
desde un ángulo inverso.

IV. LA PALABRA RESUCITADA

Volví a la palabra resucitada,
a aquel viejo santuario:
altar de amor doméstico
donde nos encontrábamos seguros.
Recuperamos el aliento
para cenizas trituradas
que se perdieron en un hemisferio de sombras.

Una mirada al trópico
suplica el ansia de una tregua extensa
para ese dolor que siempre regurgita.
En una contienda sorda nos fundimos,
como el roble quiero contar mi historia
esculpida en el tronco:
una sucesión de anillos quebrados.

V. Volver al placer

La trayectoria de dos partículas de sangre
que se encuentran, sustancia
que es historia y querencia,
el sensor de una exhausta relación que agoniza.

Yo soy la herramienta que te buscaba
para domarte como la madera,
una veta habitada
que se perdía por el contorno de mis manos.

Detrás eras sólo otro pensamiento
descansando en medio de mis silencios,
energía latente
abriendo espacios para respirar.

Volver al placer contigo me quiebra.
Futuro sin matices,
así hoy duele todavía la distancia constante
entre tu luz y mi desolación.

VI. Experimento

Hoy me habita un silencio espeso
que todo lo cubre:
los pasos, la gente y la risa.

También me aparta del bullicio:
suelto y respiro agradecido,
pero sigo frente a un espejo
donde resuenan las costuras.

La epopeya de la identidad
es un viaje a la soledad
con la ausencia pegada al corazón.

VII. Un faro sin luz

Poco queda ya de aquel hombre
que ahora es una sombra,
es un faro que no da luz.

En medio de la tremolina
camina un hombre desolado,
pero nadie lo ve.

Debajo de la máscara se intuyen
unos ojos que ya no ven,
una burbuja que le salva.

Respiramos frente a la hondura,
un mensajero intuye
la certeza del abandono.

VIII. HABLEMOS DE TI

Hablaremos de ti,
del intersticio por el que se cuela
tu olvido. Un arma afilada me hendías
mientras el silencio se dilataba
como el aliento de una chimenea
y todo lo cubría.

Cuando hablemos de mí
la primavera se prenderá al cielo,
seré un niño buscando
en el desorden que deja tu huida,
como si una historia buscara el fin.

Llovía, las últimas gotas antes
del verano acompañan a las aves,
tus ansias de volar
avivaban mis miedos a empezar,
de quien no merece tu parco aliento,
sonata de un alma que viaja sola.

IX. VIAJE

Lejos de la mirada masculina
iniciamos otro tardío viaje
para buscar
la fórmula del aprendiz
viviendo relegados por una misma canción.

Anhelo denunciar el vértigo y los tropiezos,
este coma inducido,
los terrenos abruptos,
los hábitos y los malos reflejos,
el litigio y el sarcasmo.
Añoro la ortodoxia de tus besos,
los abrazos tatuados,
el sermón del profeta
y los espejos que nunca mentían.

Hoy sigo atrincherado
bajo una cúpula que resistirá
igual que un mago con sombrero,
ajeno al miedo
por un túnel con aire oxidado, ya sin memoria.

X. SILENCIO

¡Qué solo está el silencio!
¡Qué solo en la clausura!
¡Qué sola la soledad!
¡Solo estoy, me riñe la madrugada
en un instante que no olvido!

Hay un silencio roto
que ocupa todo el espacio
y se cuela
en medio del propio reposo,
en un nido de pájaros sin alas.

Hay un silencio denso
que anida en tu ausencia,
que se adhiere
y reverbera
recordándome todas las ausencias.

XI. Eternos

No habrá cielo para tanto dolor.

Un dolor que madruga
en las afueras de nuestra ciudad,
ayer, un penar que volvía
para despegar
al príncipe del infame gusano.

Cosechamos un silencio
que convertimos en muro
de este amor neutro,
con una pausa aterradora
porque todo pesaba demasiado.

Al final pasaste de largo,
y se fugó el instante
—¿recuerdas aquella noche?—
en que flotábamos
y creíamos ser eternos.

El desencanto ya estaba ocurriendo.

XII. NOSTALGIA

Cuando la nostalgia lo invadió todo,
incluso envolvió
aquel baile que aliviaba
nuestros primeros pasos,
aquellos que intentábamos bautizar.

Un temblor viril venía anunciando
nuestro encuentro
de gérmenes y hormonas
que no desvaneció la tormenta de arena.
Quedó un capricho de tierra mojada.

XIII. Refugio

En el silencio que habita el espacio
después de cada inspiración
en calma me refugio
y transito roto, sin pesadumbre,
como un fantasma,
como si ya hubiera dejado de existir.
No quiero abandonar ese lugar,
aunque ahora seamos extraños.

Allí seguiré hasta que me rescates
en una trinchera donde no llegue ni una voz.
Conforme, me invadiste,
pero añoro la epifanía de aquellos días,
aunque la luz ya no sea un estímulo aislado,
eran raíces bordadas en una cárcel.

Estamos convencidos
de que no habrá más príncipes valientes,
ni besos, ni risas, ni tentaciones.
Bajo un altar de huesos y amuletos
por debajo de la ciudad,
como en un largo crepúsculo,
un espacio tranquilo encontraré
que se pueda ocupar con el silencio de todos.

XIV. Vocales

Las vocales huyeron de todas las palabras.
Huérfanas, quedaron en un exilio
de palabras piadosas
hundidas en una frontera difusa.
Igual, este destierro
de amor cancelado
me aturde con un silencio invasor
que me priva de dulzura, y atisbo
la violenta calidez del sudor que me cubre.

La premura de pasos voraces
son ráfagas de luz que aceleran mi ritmo,
me incitan a moverme
por las hipotenusas de las calles,
desplegando una insólita acuarela
junto al brillo orgánico de tu boca,
la cadencia tranquila
que resuena como si fuera el baile
de unos catetos ahora olvidados.

XV. LA PRIMERA CERTEZA

El hombre que quería confiar
se aisló en la épica de la despedida
para custodiar todos los demonios.
En la urbanita oscuridad gritó
cuando el faro temblaba
como si un acto de contrición fuera.

Rastreo por momentos
la mente fraccionada por la ausencia
de este amor suspendido.
Pero vuelvo a la primera certeza
del hombre que fui
con el corazón hoy lleno de escombros.

XVI. Un agujero en el corazón

Tengo un agujero en el corazón
y ahora hay gusanos por los costados.
El pincel tiene gotas que mi sangre
disputa con la muerte solitaria.

Vuelve la noche más enamorada
a una orilla quebrada,
sin claves, de una urdimbre de deseos
que se apagan como un solo crujido.

Un héroe rescata del vacío
al hombre profanado por el caos,
repitiendo la misma melodía,
mantra que le devuelve al camino.

XVII. Un lobo de arena

Un lobo de arena se desmorona
en un ritual que no nos pertenece,
es otro ensayo de un nuevo abandono.
Nuestra casa se alzaba con heridas,
sostenidos los suelos con huesos oxidados;
detrás, las barricadas
y un tejido de socavones llenos
de nuestros restos,
con sombras veladas en el umbral.
Quiero el don de estar ebrio
en una órbita sin luz:
soy un ángel vagando, hecho jirones.

XVIII. DESORDEN

Un tritón me llamaba por mi nombre
y aprendí a naufragar.
Aunque los días sigan llenos de monstruos,
yo regreso a la vida
convertido en un barco
que seguirá bogando,
igual que un extranjero de sí mismo.

Quisiera otra cumbre,
aunque suene una partitura oscura,
y al cobijo de las estrellas, encontraré
un desorden que se queda rugiendo
y una esperanza negra
ante la que respiro de rodillas.

Ya casi olvido la revolución
de aquella tu mirada.
Eso sucedía en otro lugar,
en el contorno de otro tiempo
donde nunca pronunciaste mi nombre.

XIX. TRASTIENDA

Una tormenta lo devoró todo,
incluso las certezas,
secó los nobles lamentos,
el fuego derritió hasta el olvido.
Viajo a la vida imposible, el adiós
de la madre me deja
atado, en una calidez violenta
un salto a la trastienda del infierno.

Después de una década prodigiosa
vuelvo a ser un loco, un miserable,
una mina sin piedras,
igual que un grifo sin agua.
Es una pesadilla, una pieza única
desbrozando la jungla
en esta periferia oscurecida
que transporta caolín por las arterias.

XX. PRIMERO LLEGÓ TU VOZ

Primero llegó tu voz
y terminó en un silencio sereno
y abisal, penetraba
traslúcido como el mismo adiós.

Después se fue tu cuerpo
y terminó en una distancia fría,
con un puñal hiriente
me separo del templo de tu piel.

Al final sólo me quedó tu sombra,
un conmovedor espacio de silencio
con hambre de genésicas miradas
y abrazos musitados.

XXI. Si fuera una nube

Tanta luz me hace llorar,
aunque no logre escapar de las sombras,
así me escondo bajo tu almohada,
igual que una hormiga laboriosa
grabo flores de sal,
esperando que me llames de nuevo.

Mírame, estoy sangrando
fuera del tálamo de madera.
¿A qué barco subiré, marinero...?
¿Y si fuera una nube?
No podrás dispararme,
porque olvidaría la mitad de lo que fui.

Sin embargo, fui lanzado al mar
en el centro de una polifonía
con tus ruidos constantes y mi música.
Hay un sentido crítico en el amor,
el estupor de una lesión interna
que nos queda y se cubre con salmuera.

La herida cubierta de barro dulce
mitigará las noches más oscuras,
convertirá en plegarias
mis turbios pensamientos,
vago por un sendero
donde ahora ya solo cabe uno.

XXII. Vértigo

Genio y vértigo de ser
amor, óxido y vísceras,
fosilizados hábitos,
ceguera permanente.
Hoy, vacuo espacio orgánico
de fibras y máscaras,
torcedura sin reglas
y trazos primitivos,
nicho de imperfección,
una escultura de aire,
metal, nada, vacío.

XXII. TRISTEZA

Me gana una tristeza
que es mía, solo mía,
cuando sostengo este nuevo destierro.
Sin querer asomarme a nuestro hastío,
me encuentro un espacio fecundo
donde habiten los versos
que ya regresan para no ser tuyos.

Evito mirar de frente a tu vacío,
aunque tenaz me cubra
con un mador liviano, sin color.
Me atrapa el sonido de tu silencio
y permanecerán
planos todos los pájaros cantando
como magos con pluma.

XXIV. AROMA

Hoy amaneces en otro lugar, lejos,
perdido en otras páginas,
los ruidos y la furia
no ocultan el aroma que dejaste.

Soledad, es un alivio ilusorio,
un elástico tensaba
otra vez la esperanza,
como en un sentimiento traicionero.

XXV. Invoco

Me quiebra este silencio nuevo que me arde
y me desploma,
igual que un nuevo mazazo de exilio,
un revuelo quebranta esta añoranza
siempre querida:
me dejaste al llegar la primavera.

Ahora invoco
el aire que rodea tu figura,
ciñe tu silueta
y separa tu cuerpo de mi vida,
pienso en los besos
aquellos que, como aves, emigraron.

XXVI. Nuevo embrión

Yo fui el sueño imposible de un delfín
y su reino era una isla,
una isla que rodea una muralla,
telaraña de piedras,
pero hago las paces con mi asombro.

Hoy soy el nuevo embrión
de futuros combates,
ahora que todo sucede el lunes,
cuando la luz regresa
y no violenta el aire que respiro.

XXVII. AÑOS DE SILENCIO

Con aquel último instante de luz
comencé a salvar sueños
después de muchos años de silencio.

Un dolor grande y sencillo a la vez
con la madurez rota
te deja ir, soñaba dentro de un sueño.

Una luz que no hace sombras en la noche,
y un disparo estremece
el espíritu de tantas ausencias.

XXVIII. Un adiós

INVENTADO

Soy un hombre aritméticamente melancólico
y tú eres ese milagro
que me convirtió en el que ahora soy.

Soy una carretera sin corazón,
una vieja herida que nunca cierra,
siempre a lomos de la misma tristeza.

Soy un hombre que quiere ser la isla patria,
el extranjero que me habitará
igual que una frontera que se mueve.

Soy aquella nube que peregrinaba,
también un atajo para tu olvido,
una simple luz al final de esta travesía.

Soy una órbita sin control, un volcán
de viento, gozo, torturas y escombros:
me abandoné en un adiós inventado.

XXIX. GRAVEDAD

Como la nieve que no permanece,
pronto cubrió el vacío que aguardaba
y el trayecto se hizo crepuscular.
Inertes, en un inmenso escenario
nos representaba la desolación.

La vida, un puñado de tierra fértil
del que me despojas sin estridencias,
y una música que se multiplica
convierte en humo todo lo vivido
y se marcha adherida a tu espalda.

La gravedad insoportable de tu partida.

XXX. LABERINTO

Aquí permanezco sin partitura,
sentado enfrente de la soledad,
heroicamente desnudo deliro
con este museo desordenado.
Con otra manera de proteger
aquella forma extraña de dolor
viril, como un unicornio sin alas.

Tú llenaste una herida precipicio
que latía como una despedida,
abandonando la estación de tus brazos,
porque desde ese lugar remoto
ya no habrá amaneceres prohibidos.

Inquebrantable, estiro mi silencio,
ahora que los fantasmas son otros,
pero quiero que alguien vuelva a mirarme
como tú. Yo sigo en mi propia órbita,
como un hábil explorador renazco
ajeno a la desesperación.
Tranquilo me despediré de ti.

XXXI. Tanto silencio

En silencio camino
para no olvidar quién soy,
un sigilo urbanita
se ciñe sobre mí
para resguardarme.

Ya no tengo destino
escondido en la sombra
del árbol de la plaza,
es el último obstáculo
para este que agoniza.

¿Cómo es posible tanto
silencio hechizado,
sonidos vespertinos
de lluvia golpeando
sobre la cristalera?

XXXII. Un hombre interminable

Cuando vuelvo a mirarte, si te hablo
será como confinarme otra vez;
me quedaré en el núcleo, muy adentro,
sin electrones, juegos malabares
para el adiós de un hombre interminable.

Ya no leo a Freud, porque se expandió
el olvido por un yacimiento virgen
y lo llenó todo de un mismo tiempo,
pero con nuevo fulgor, otras miradas
y el orgullo de quien vence a la muerte.

Encuentro un lugar de reparación
con el fracaso de nuestros demonios,
supero la brecha que nos separa
y sólo acaricio las superficies,
porque lo más profundo es nuestra piel.

XXXIII. SIN PATRIA

Miro tu cuerpo blando
saliendo de una cálida penumbra,
como si flotaras por el aire
en una gravedad inacabada,
aún tranquilo,
como si pudieras empezar todo de nuevo,
en cualquier momento.

Veo tu cuerpo vagar protegido, silente
para no recordar,
aún ausente
por algún rescoldo de aquel amor,
la acuarela inconclusa
siempre al borde del gozo,
como esas condenas inquebrantables.

No es la eterna tristeza,
es un nuevo adiós para llevar puesto
lo mismo que dos sonidos chocando,
como si la vida fuera mentira
fagocitado
por la función de los amantes, vamos
a la deriva, no tenemos ninguna patria.

XXXIV. Una estrella caída

Después de recuperar los pulmones,
continúo nadando,
la oscuridad no ha desaparecido
y exporta mi reflejo
hacia abajo; allí habita el dolor,
ese pesar que siempre vive en mí,
pero es un espejismo:
desapareció el futuro perfecto,
la única herramienta que me quedaba.

Regreso como una estrella caída,
rumiando la distancia
nueva que nos separa,
añorando los abrazos fugaces,
ahora soy ese cerrojo que no abre.
Como aquel viejo falsificador,
me convierto en un hombre sensato,
presiento resignado
que el olvido es un lugar peligroso.

XXXV. SALIVA Y SILENCIO

Bajo una nueva luz enloquecida,
decadente presagio,
una grotesca praxis se hizo sangre.

En una barbarie de rebeldía
fijaste tu retina
para no resbalar en el olvido.

Siempre me sentí parte del lugar,
como un refugio calmo
donde comencé a abrazar la nostalgia.

Pero dentro de aquella madriguera
un calambre recuerda
que fuimos piel, saliva, amor, silencio.

XXXVI. Gozo sereno

Esas aves que voznan
rompen mi conticinio,
un despliegue de besos de hormigón,
estambres vulnerables
en soledad, al borde la cama.
Hay vínculos y gestos
debajo de la bóveda
en una atmósfera de camuflaje,
como un tapiz de estrellas,
gozo sereno, resuena el silencio.

XXXVII. Retiro deseado

Finalmente renuncio a las palabras
con un fértil mutismo
en un retiro de oro,
como un alquimista en desafío
con el amuleto de la locura.

Cuando la vida empezaba a tener
sentido, ya anidaba
el vacío, artesano
fiel entre lo divino y lo sensato
que ocultaba la llegada de la luz.

Ese mismo tejido transparente
me cubre, mas ausente
te recupero desde mi distancia,
homenaje de amor
que reta un sólido advenimiento.

Como un meteorito
que me ayuda a digerir tu abandono,
elogio de la tristeza,
entre bayas de enebro
sigo buscando al hombre que seré.

XXXVIII. PROMETEO

Desde la atmósfera
cae una cortina de lluvia
y me cubre una textura lejana.

Como un jinete
vulnerable arriba del páramo,
entierro la decepción sin relato.

Un nuevo mártir
goza de la serenidad:
sé que siempre estuve en ese lugar.

En el exceso
voy caminando sigiloso
con la ofrenda del vino deseado.

Y primigenio,
emergiendo de la doctrina
como si fuera el nuevo Prometeo.

XXXIX. El enviado

Elegido por los dioses,
el enviado, el mensajero
para traerte hasta aquí,
de camino hacia mi olvido:
esa ha sido la misión.

Hoy retomo los pinceles,
dibujarme agradecido
con los trazos de aventura,
conciencia, pisadas firmes
y de tiempos sin palabras.

Te devuelvo al universo
más sabio, audaz amuleto
del que yo quedo redimido,
desapegado de ti,
vencido por los axiomas.

XL. EL QUE FUI CONTIGO

Después de un viento intenso
quedó la tormenta ebria,
quedó la luz sesgada
y el mundo sin palabras.
Sólo hay oscuridad
dando cuenta de este mundo partido.

No quiero enterrar la mitad del hombre
que pude ser contigo.

Quiero seguir recordándolo todo,
repasar la extrañeza
de tus pasos buscando
otras historias nuevas.
Quizás, mañana en calma
seguiré urdiendo olvidos.

XLI. TESTAMENTO

Quizás sean estos los únicos versos
que escribo para ti,
te dibujo con unas alas sin plomo
y derribo, al fin,
las paredes de aquel templo sagrado.

Me quedo con el agua, con los espacios
libres, verde aliento,
conservo el musgo y lo pequeño,
y te devuelvo todos los abrazos
que no supimos darnos.

Pero retengo los gestos, las miradas
y los silencios consensuados,
las lágrimas escasas,
las heridas compartidas
y ese amor, como ausente, todo el tiempo…

Son los versos con sabor de despedida
que cubrirán antiguas cicatrices,
los versos del amor tardío
de los presagios, de la luz eterna,
revelación de un tesoro escondido.

Índice